LA RÉPUBLIQUE

DE

TOUT LE MONDE

2ME ÉPITRE AUX MONARCHISTES

PAR E. THIRION,

AUTEUR DU CATÉCHISME RÉPUBLICAIN.

Ceux qui détrompent les Peuples sont
leurs véritables bienfaiteurs.

(VOLTAIRE, *Essai sur les Mœurs*, etc.).

SENLIS

LIBRAIRIE DE E. PAYEN

Place de l'Hôtel-de-Ville.

1871

LA RÉPUBLIQUE

DE

TOUT LE MONDE

ÉPITRE AUX MONARCHISTES

PAR E. THIRION,

AUTEUR DU CATÉCHISME RÉPUBLICAIN.

Ceux qui détrompent les Peuples sont
leurs véritables bienfaiteurs.
(VOLTAIRE, *Essai sur les Mœurs*, etc.).

SENLIS

LIBRAIRIE DE E. PAYEN

Place de l'Hôtel-de-Ville.

1871

La République de tout le Monde.

I.

C'est son nom — la chose publique. Elle n'existe réellement qu'à la condition de satisfaire tout le monde, et alors elle a cet avantage sur la monarchie qui, elle, ne satisfait que les monarchistes.

C'est aussi ce qui fait qu'elle assure la tranquillité du pays, par ce fait qu'elle donne une quasi satisfaction à toutes les aspirations, et que même elle permet à chacun d'espérer la réalisation de son système particulier.

Mais pour cela, il faut bien réellement qu'elle soit la République de tout le monde, c'est-à-dire une vraie République; il ne faut pas qu'un parti ou une bande la confisque à son profit; il ne faut pas qu'elle devienne une oligarchie. Il ne faut pas que la majorité de la Chambre ou une poignée de factieux en fassent une *République autoritaire*.

Car nous avons tellement pris l'habitude, sous ce déplorable régime du dernier empire, de gouverner les autres ou d'être gouvernés, que nous avons complètement perdu le sentiment de la liberté, et que, sitôt que nous sommes au pouvoir, réactionnaires ou républicains, le vertige de M. Bonaparte nous gagne et nous faisons de l'*autorité*.

C'est pourquoi il est bon de nous rappeler ce que le mot de République veut dire, et par conséquent ce que doit être la chose.

II.

Nous sommes en France trois partis nettement tranchés, abstraction faite de la forme du gouvernement qui n'est au fond que le symbole de nos diverses aspirations : les *hommes d'ordre* qui veulent l'ordre quand même, même sans la liberté. — *Les démocrates* qui veulent la liberté avant tout, disant que l'ordre véritable ne peut naître que de la liberté. — *Les socialistes* qui ne veulent l'ordre et la liberté que par l'association.

Il ne faut pas chercher à faire dominer les uns ou les autres, car ce serait aller à l'anarchie; chacun de ces trois partis se diviserait dans la lutte en autant de nuances qu'il y aurait d'ambitieux non pourvus; bientôt la lassitude viendrait, par l'impossibilité de s'entendre, et les besoins matériels reprenant le dessus, on installerait un pouvoir solide qui les comprimerait tous, jusqu'au jour où une génération nouvelle, ignorante des désastres essuyés par ses aînés, remettrait encore une fois tout en question.

Voilà bien en effet le tableau de ce qui arrive à la France depuis quatre-vingts ans. Nous n'en sortirons que par la République, qui seule les contentera tous parce qu'elle est le gouvernement de tout le monde.

Les *hommes d'ordre* veulent avant tout que le commerce florisse, que l'industrie prospère, que les valeurs de toute sorte atteignent leur plus haut cours; pour cela il faut que la République maintienne la tranquillité dans la rue et au dehors, contienne les malhonnêtes gens, et par-dessus tout fasse respecter la loi qui ne sera plus que l'expression de la volonté du peuple Français.

Pour satisfaire les *démocrates*, il faut décréter la liberté, liberté de la presse, liberté du droit de réunion, liberté des élections, toutes les libertés; il faut momentanément se résigner aux troubles apparents que l'inexpérience de la liberté amène parmi les peuples qui n'en ont pas encore l'habitude.

Les *socialistes* ont pour objectif l'abolition du

prolétariat; à la vérité ils sont si peu d'accord entre eux sur la manière d'y arriver, qu'il est encore bien difficile de les comprendre. Mais au lieu de les exaspérer en leur reprochant leurs contradictions, et en en déduisant l'impossibilité d'atteindre leur but, il faut leur répondre : Après tout en 1789 nous avons aboli la noblesse dont les priviléges semblaient devoir être éternels et dont l'origine se perdait dans celle même de la nation ; étudions ensemble les moyens d'abolir le prolétariat, et voyons si la chose est possible.

III.

Et alors vous aurez établi la République de tout le monde, celle qui satisfaisant les gens convaincus de chaque parti, ne laissera plus ni prétexte, ni partisans, aux ambitieux toujours prêts à susciter la guerre civile, soit pour leur compte, soit pour le compte de l'une ou l'autre de ces trois familles issues de souverains qui sont le véritable danger de la France aujourd'hui, le véritable foyer de toutes nos révolutions passées ou futures.

Car, comme pour démontrer une fois de plus qu'une bonne action trouve toujours, même ici-bas, sa récompense, vous aurez du même coup assuré cette tranquillité publique pour laquelle vous êtes si passionnés, et qui de vrai est la source assurée de toutes les prospérités matérielles d'un pays.

L'ordre en effet sortira de la liberté, et voici comment :

A côté d'un membre de l'Internationale conseillant aux ouvriers de faire grève pour faire augmenter les salaires, il y aura un père de famille qui demandera la liberté du travail pour ceux qui tiennent à nourrir eux-mêmes leur femme et leurs enfants.

A côté d'un patron conseillant une coalition contre les ouvriers afin de s'enrichir plus vite à leurs dépens, il s'en trouvera un qui, soit par conviction soit par spéculation, partagera avec les siens une part proportionnelle de ses bénéfices.

A côté du socialiste théoricien qui créera une association entre paresseux et travailleurs pour faire exploiter ceux-ci par ceux-là, il y aura un socialiste praticien qui démontrera les avantages des sociétés de coopération pour avoir la vie à bon marché, de secours mutuels pour s'assurer contre les chomages ou les maladies, de capitalisation des salaires pour constituer des rentes sufisantes pendant sa vieillesse au travailleur économe.

A l'homme d'état entêté d'autoritarisme, pour qui le salut du pays consiste dans le choix judicieux des préfets, des généraux et des archevêques, succédera le ministre éclairé qui fera décréter la gratuité de l'instruction et de la justice, qui multipliera les bibliothèques et diminuera le nombre des prisons, qui relèvera le niveau moral de la population et la rendra capable de comprendre et de mépriser les arguments captieux du pouvoir personnel aussi bien que le style ordurier du père Duchêne.

A côté du journal crapuleux qui conseille d'établir l'ordre par la violence, la liberté par la force, l'égalité par l'abaissement de tous à son niveau et la fraternité par le pillage, il y aura bientôt une feuille écrite par de vrais Républicains, qui démontrera en vrai français que le moyen de gagner de gros salaires c'est de laisser gagner beaucoup d'argent aux fabricants qui les paient, que la prospérité publique résulte de la masse des prospérités particulières, et que si on a le droit de trouver et de dire mauvaise la loi qui est en discussion, on a pour devoir étroit de la respecter et de lui obéir quand elle est votée.

A côté des perturbateurs, s'il y en a encore, on trouvera la garde nationale, une vraie garde nationale sachant ce que c'est qu'un fusil et une discipline, parce que tout le monde aura été soldat.

Enfin, à côté du pouvoir exécutif il y aura la nation,

dans l'esprit de laquelle il se retrempera par l'élection, et que nous pourrons rendre d'autant plus fort qu'il sera périodique.

IV.

Au fond, vous voulez l'ordre avant tout, et la monarchie n'est pour vous que le moyen le plus assuré de l'obtenir. Un roi ou un empereur est à vos yeux quelque chose comme un grand capitaine-général de la gendarmerie.

Vos adversaires veulent la liberté, l'égalité et la fraternité. Faisons-nous de part et d'autre quelque concessions et nous arriverons à nous entendre.

Il est bien sûr que l'on peut avoir l'ordre sous une République et qu'après tout les monarchies ne sont exemptes ni d'agitations, ni d'émeutes, ni de guerres coûteuses quand elles ne sont pas ruineuses. Peut-on avoir l'égalité, la liberté et la fraternité sous une monarchie?

La liberté, c'est bien difficile; quand un journal se permet quelques allusions trop transparentes à des faiblesses, dont les rois ne sont pas plus exempts que les autres hommes, on regrette de n'avoir d'autre moyen de répression que le jury, tribunal changeant qui reflète les sympathies et les antipathies du public.

et qui parfois se permet des acquittements scandaleux. Quand un orateur populaire, dans une réunion électorale, démontre clair comme le jour que le roi ayant été choisi par le Peuple, le Peuple a le droit d'en choisir un autre, il est bien dur de ne pas pouvoir faire taire un si dangereux dialecticien.

L'égalité, c'est encore bien pis : on ne pourrait donc plus donner une bonne place à un camarade d'enfance qui doit pour le moins être receveur général quand on est devenu roi; on ne pourrait donc plus, parmi plusieurs candidats, choisir celui qu'une bouche gracieuse à qui l'on ne sait rien refuser recommande à notre bienveillance; on ne pourrait donc plus élever au grade de maréchal de France ce petit général qui danse si bien le cotillon, ou au ministère des finances ce généreux banquier qui nous a ouvert sa caisse dans les mauvais jours.

La fraternité..... La fraternité, ma foi! c'est un dogme de bas étage, c'est bon pour le petit monde; et ce mot là ferait bien mauvaise figure dans les conversations des courtisans. Aussi n'en serait-il guère question, avec d'autant plus de raison que ceux qui prêchent la fraternité demandent toujours beaucoup d'argent pour des fondations utiles, ou de grands dégrèvements d'impôts en faveur des prolétaires, et que notre Conseil d'Etat nous a fait voir que tout cela finirait par rogner nos 24 millions de liste civile.

D'où il suit que vous sacrifiez peu de chose en acceptant la République, tandis que les démocrates et les socialistes perdent tout en subissant la monarchie.

V.

D'ailleurs, cette si précieuse tranquillité à laquelle vous êtes toujours prêts à tout subordonner, indépendance, dignité, avenir, êtes-vous bien sûrs de l'avoir sous une monarchie? Vous êtes pour le moins aussi divisés entre vous que les Démocrates et les Socialistes le sont entre eux.

Il y en a parmi vous qui préféreraient la République au règne d'une branche cadette qui a puisé son droit dans l'usurpation, dont les tendances ont toujours été suspectes de voltairianisme, et dont l'aïeul s'est déshonoré en se coiffant du bonnet Phrygien.

Il y en a qui haïssent les accointances ultramontaines de l'autre dynastie pour le moins autant que nos opinions démocratiques, et qui frémiraient d'indignation en voyant revenir le règne des confesseurs royaux, les ordres mendiants, et les processions escortées pieusement par la garde nationale dressée à présenter les armes aux Monseigneurs.

Il y en a d'autres qui crient à qui veut les entendre

que M. Bonaparte a été trahi, que c'est le plus grand monarque des temps modernes, et que ce sont les Républicains qui ont déclaré la guerre à la Prusse.

Il n'en manque pas qui renouvellent les rêves de la rue de Poitiers, affirmant que la *fusion* est faite, et que la France va passer sans secousse de la République à Escobar et d'Escobar à M. Guizot.

Enfin il en est encore qui fournissent des drapeaux rouges aux voyoux et aux marchands de contremarque en disponibilité, pour prouver que leur grand sabre est plus que jamais nécessaire pour couper la tête à l'hydre de l'anarchie.

Est-ce que tous ces gens-là ne se battront pas un peu, quand il s'agira de choisir un roi? sans compter que si l'on ne choisit pas le leur, il est probable qu'ils ne le laisseront pas dormir tranquille dans ce palais enchanté où l'on entre par tant de portes, et d'où depuis cent ans on sort invariablement par la fenêtre.

Mais bah! vous avez confiance aux chiffres; vous calculez, et vous dites : il y a en France sept millions de monarchistes et deux millions de Républicains seulement; la majorité a toujours raison!

Ah! voilà — c'est que, comme je vous le disais tout à l'heure, les monarchistes ne perdront pas grand chose

sous une République, tandis que les Républicains auront
tout perdu sous une monarchie; si bien que les
sept millions se résigneraient, tandis que les deux millions trouveraient la résignation bien pénible.

Alors ils guetteront votre roi — qui après tout ne
sera qu'un homme, faillible comme tous les hommes.
Chacune de ses fautes sera relevée; il fera de l'autorité
pour se soutenir; un beau jour il ira si loin que vous
même en aurez assez, et alors..... vous savez ce qui
arrivera.

Voilà la belle tranquillité que vous donnera votre
monarchie.

VI.

Encore si ce n'était que cela! Vous en avez déjà tant
vu de ces Révolutions que vous finissez peut-être par
vous y habituer, comme un homme habitant un pays
marécageux s'habitue au retour périodique des fièvres
paludéennes.

Et puis on aura toujours bien une vingtaine d'années
de tranquillité; pendant ce temps on fait ses affaires, et
on se dit, comme Louis XV le bon vivant : *Après nous
la fin du monde!*

Oui : seulement il y a une chose à laquelle vous n'avez pas pensé, c'est que, de votre aveu même, la République est le gouvernement de l'avenir, celui qui s'établira inévitablement quand les lumières seront assez répandues, quand les Français seront moins égoïstes, en un mot, suivant votre propre expression, quand nous serons mûrs pour la République.

En effet, si peu disposés que soient les rois et les empereurs à favoriser l'instruction générale, à éclairer les masses, à laisser libres les journaux et les sociétés qui se donnent pour mission de répandre la lumière dans les esprits, même sous une monarchie l'idée démocratique et le socialisme font leur petit chemin.

Les adhérents leur arrivent petit à petit et grossissent le bataillon des réformateurs, d'autant plus unis qu'ils sont tous ensemble comprimés par la même force brutale, et malheureusement d'autant moins éclairés sur la valeur véritable de leurs théories, que les citoyens intelligents capables de les diriger sont, ou absorbés par le gouvernement qui les attire par la perspective des honneurs et de la fortune, ou réduits au silence et au découragement par l'aveugle adhésion de la majorité au pouvoir quel qu'il soit.

Aussi voyez ce qui arrive : Aussitôt que vous renversez une monarchie — car c'est vous qui les renversez les monarchies, en cessant de les soutenir quand elles ont bien abusé de votre patience — tous les deshérités de la politiqne croient leur tour de gouverner venu et s'installent en République, à peu près sans vous consulter. Seulement leur nombre va toujours croissant.

En 1815 il n'en fut pas question.

En 1830 ils étaient si peu nombreux qu'il a suffi de la défection d'un vieux Républicain découragé pour l'escamoter au profit de la royauté constitutionnelle.

En 1848, il a fallu déjà six jours de bataille acharnée pour préparer le retour des institutions réactionnaires, qui n'ont encore abouti à l'Empire que trois ans après.

En 1871, Paris soulevé presque tout entier a tenu tête pendant deux mois aux armées de la France; la Commune s'essaya dans presque toutes les grandes villes, et le délire allait jusqu'à proclamer l'idée de la France divisée, plutôt qu'unie, par une fédération.

La prochaine fois, qui de nous oserait dire jusqu'où le mouvement nous entraînera?

Avant de restaurer la sixième monarchie, calculez et réfléchissez! Cela en vaut la peine.

VII.

Ecartons ces funestes images. Car après tout l'affaire peut s'arranger si vous le voulez bien.

Vous ne tenez pas essentiellement à un roi, mais à l'ordre. Sous la République l'ordre ne peut plus être troublé que par les anarchistes incorrigibles, contre lesquels vous aurez l'appui de tous les Républicains honnêtes et de bonne foi, à l'encontre desquels ils ne sont qu'une infime minorité.

Si bien que la République vous donnera la tranquillité, parce qu'elle est le gouvernement de *tout le monde ;* tandis que la monarchie vous amènera encore une fois les troubles et les insurrections, parce qu'elle n'est que le gouvernement de la *majorité.*

Senlis, imp, et lith. E. Payen.

SENLIS

IMPRIMERIE DE E. PAYEN,

Place de l'Hôtel-de-Ville.